Florian Fritz

ITALIENISCHE

FARBTUPFER

EINE POETISCHE ANNÄHERUNG IN 57 GEDICHTEN AN MEIN
LIEBSTES LAND

IMPRESSUM

Bibliografische Information der Deutschen Nationalbibliothek:
Die Deutsche Nationalbibliothek verzeichnet diese Publikation
in der Deutschen Nationalbibliografie; detaillierte
bibliografische Daten sind im Internet über http://dnb.dnb.de
abrufbar.

© 2023 Florian Fritz für Texte, Bilder, Layout

Herstellung und Verlag: BoD – Books on Demand,
Norderstedt

ISBN: 9783756817306

Sich Italien nähern

Ab Innsbruck schleicht der Zug dahin,
durch Felsen, und wir mittendrin.
Ein schmales Tal mit wenig Licht,
das sich an steilen Flanken bricht.
Der Zug, er schnauft und ächzt und rattert
und pfeift und bläst und rauscht und knattert.
Dunkle Tannen, lichte Fichten
könnten allerlei berichten,
Äste, Zweige, Büsche, Stämme,
über steilen Hängen Kämme,
immer wieder Tunnelschwärze.

Neonlicht, gleich einer Kerze
flackert bleich am Deckengang.
Draußen zieht der Alpenhang
ewiggleich und sanft vorüber.

Fast am Himmel, obendrüber,
Brücken, die auf Stelzen stehen.
Nur die Laster sind zu sehen,
kriechen wie ein müder Wurm
aufwärts unter Schnee und Sturm.
Bahn und Autos eint ein Nenner:
Alle wollen hoch zum Brenner.

Welch ein Ort, so voller Mythen,
Einkaufszentren, Plastiktüten,
Gleise, Laster, grauen Dächern,
Imbissstuben, Wegwerfbechern,
Menschentrauben, stets im Lauf,
Lange hält sich niemand auf.
Zollhaus, Schlagbaum sind Geschichte.
Anekdoten und Berichte,
wie es früher einmal war,
hört man in der Bahnhofsbar.

Wenn der Zug dann weiterfährt,
fühlt man sich so unbeschwert.

Es geht südwärts, das ist schön!
Palmen sind zwar nicht zu sehn,
was man aber sagen kann:
Es fühlt sich nach Italien an.

Dolomiten

Felsen, Grate, Kare, Zacken,
Schuhe, die beim Steigen zwacken,
Hütten, Kühe, Blumenwiesen,
Zwerge, Elfen, Götter, Riesen,
Erbe einer Weltkultur,
Größe und Romantik pur.

Wolkentanz und Alpenglühen,
Tropfen, die vom Himmel sprühen,
Adler, Gemsen, Murmeltiere,
heiße Suppen, kühle Biere.

Aber halt auch Menschenmassen,
Gondelbahnen, Pistentrassen,
Gletscherschmelze, Erosion,
Lichtverschmutzung und Beton.

Es bleibt zum Schluss der Blick von oben,
vom höchsten Punkt, vom Gipfel droben.
Da ist man auch nicht mehr allein
und trotzdem lichtet sich das Sein
und lässt des Menschen Blick sich klaren:
Es gilt, die Schöpfung zu bewahren.

Südtirol

Wir Deutsche fahren gern dorthin.
In *der* Region ist alles drin!
Im Winter locken Ski und Schlitten,
im Sommer nette Wanderhütten.

Im Herbst, da duften die Kastanien
und es gibt Sonne wie in Spanien.
Im Frühjahr grüßt die Blütenpracht,
der Knödeltris ist selbstgemacht,
und seht nur, wie ein jeder lacht
im Glanze seiner Sonntagstracht!

Nun ja, es wird schon viel gebaut,
der Bagger gräbt, wohin man schaut,
die Lodge, sie leuchtet in der Ferne:
Fünfeinhalb gezackte Sterne!
Der Bademantel blendend weiß
und nebenbei: der Preis ist heiß!

Am Gipfelkreuz vom Petz am Schlern
da haben sich die Massen gern
und vielerorts herrscht Parkverbot,
denn der Verkehr ist aus dem Lot.

Doch blickt der Mensch zum Rosengarten,
wo König Laurins Sagen warten
und abends rote Felsen leuchten,
dann fühlt er, wie die Augen feuchten,
und tief im Innern weiß er wohl:
So schön ist's nur in Südtirol!

Una notte italiana

Als Kind schon hat mich fasziniert,
wer Nächtens alles musiziert,
im Süden, unterhalb vom Brenner.
Ich war noch nie der Grillenkenner,
doch das Gezirpe und Geklinge,
das war für mich stets Maß der Dinge.
Es stand für Urlaub und für Glück.
Schon damals wollt ich nie zurück.

Heute ist die Welt realer,
kälter, größer, auch fataler,
die Nacht blieb, wie sie damals war:
Die leisen Stimmen von der Bar
trägt die laue Luft herüber,
die Grille legt ihr Zirpen drüber,
das Fenster lass ich gänzlich offen.
Dann bleibt nur noch darauf zu hoffen,
dass es allmählich runterkühlt,
derweil die Grille weiterspielt.
Ich wünschte mir, die ganze Nacht,
denn früher hat sie's so gemacht.
Da bin ich manchmal aufgewacht,
doch sie war da, bestimmt und sacht.

Dann musst ich lächeln, in mich rein.
Die Welt war gut. Und ich schlief ein.

Oktoberreben

Goldgelbe Reben stehn vor der Terrasse,
Stock für Stock in schier endloser Masse,
ein Teppich gewellt bis zum Himmelsrand,
am Morgen als ruhige und kräftige Wand,
Mittags dann im erwachenden Wind,
sanftes Geraschel sacht und geschwind.

Nachmittags brütend im grellen Licht,
ächzend unter der Trauben Gewicht.
Abends im warmen Farbenschein,
aus roter Erde wächst kräftiger Wein.
Manch einer hält inne und pflückt eine Beere,
ach, wenn doch das Leben nur immer so wäre!

Am Morgen ein fröhliches Rufen und Lachen.
Ich schrecke empor, welch ein jähes Erwachen!
Kommandos, Witze, Klappern und Raunen
Der Blick zu den Reben erklärt mein Erstaunen.

Ich sehe sie, dunkelgebräunte Gestalten
im grünen Traubenmeer schalten und walten,
die Eimer voll Beeren zum Anhänger tragen.
So füllt sich allmählich der Ladewagen,
Last um Last, auch im Mittagslicht
pausieren die rastlosen Arbeiter nicht.

Erst wenn am Abend die Schatten sich senken,
halten sie ein, um des Tags zu gedenken.
Vom Boden strahlt Wärme im herbstlichen
Licht.
Viel ist geschafft, aber alles noch nicht.

Wo die Etsch ins Meer mündet

Träge fließt das Wasser weiter,
es wird, so dünkt es, immer breiter.
Das späte Licht schickt Glitzerwellen
und scheint den Strom bleich aufzuhellen.

Richtung Meer herrscht grün und braun,
das Wasser teilt, schön anzuschaun,
sich um das Schilf und um die Bäume:
Ein Netzwerk voller Ufersäume,
von Vögeln permanent umflogen.

Im Rhythmus klatschen flache Wogen
ganz am Ende hinterm Damm
auf den blauen Wellenkamm,
der vom Horizont berichtet
und den Fluss mit Salz verdichtet.

Es mischt sich, dann ist alles gleich
im endlos weiten Wasserreich.

Venedig

Das Boot, es stampft, die Wellen gleiten
glitzernd in Lagunenweiten.
Leises Plätschern an den Pfählen.
Aus dem bleichen Dunst, da schälen
sich die Konturen blasser Schatten.
Im Sonnenlicht, dem herbstlich matten,
wachsen daraus Silhouetten,
die sich nunmehr schärfen, glätten.

Boote fahren kreuz und quer
vorneweg und hinterher.
Schatten werden zu Palästen,
getrennt von tausend Wasserästen,
verknüpft durch tausend Bogenbrücken.
An Bord wächst stetig das Entzücken.

Angelegt und ausgestiegen.
Staunen, wo die Gondeln liegen,
golden schwarzer Liebestraum,
mehr Romantik kriegt man kaum.

In den Gassen drängen Leute,
machen Händler ihre Beute,
winken Kellner zum Menü
schon um 1O Uhr in der Früh.

In Palästen und Museen
sprachlos eher stehn als gehen,
sprachlos ob der schieren Pracht
steingewordner Dogenmacht.

Bescheidenheit spielt hier Verstecken,
doch in manchen stillen Ecken
lächelt sie dem Gast entgegen.
Alltag scheint sich dort zu regen:
Kinder tollen auf den Plätzen,
Alte schlendern, schauen, schwätzen,
Menschen kommen, Menschen gehen,
die sich kennen und verstehen.

Staunend sieht man einfach zu.
Die Stadt, entspannt und voller Ruh.
Die Stunden ziehn, man möchte bleiben,
sich dies Venedig einverleiben.
Doch leider ist man nur ein Gast,
der schlimmstenfalls sein Schiff verpasst.

Man muss zurück zum Markusplatz
durchs Labyrinth. In wilder Hatz:
Pflaster, Brücken, Wasserwege,
Mauern, Ecken, Winkel, Stege.

Irgendwann, mit letzter Kraft
hat man es ans Ziel geschafft.
Man springt aufs Schiff. Dasselbe schwankt.
Man hätt sich gerne noch bedankt
beim Venedig, das man fand,
beim Alltagsleben-Wunderland.

Doch das ist fort. Versteckt. Verräumt.
Als hätte man es nur geträumt.

Der Barista und ich

Wache Augen, wacher Blick,
die Kleidung lässig oder schick,
stets im Auge die Maschine,
um mit unbewegter Miene
einen Vorgang abzuwickeln,
den nur Amateure stückeln.

In einem Schwung, ganz ohne Pause,
die 10-Sekunden-Caffè - Sause.
Klackklack und dann tröpfel, zisch.
Schon steht das Tässchen auf dem Tisch,
braun, mit festem, dicken Schaum,
und ein Duft zieht durch den Raum
genau vor meine Nasenspitze
als Schwall aus kondensierter Hitze.

Jetzt heißt es: Tasse an die Lippen.
Nicht verbrennen und nicht nippen,
sondern rein in einem Schluck.
Ein kurzer, intensiver Druck
rutscht durch meine Speiseröhre.

Geschlossne Augen, und ich schwöre,
diese zarte Bittersüße
krabbelt noch bis in die Füße.

Ein kurzer Blick zum Mann am Tresen,
dann, als wäre nichts gewesen,
geht unser Beider Leben weiter.
Dieser Tag wird ein gescheiter,
und wir bleiben doch verbunden
nur durch diese paar Sekunden.

Mare adriatico

Das Wasser grünlich, bläulich grau,
im Einstieg und im Abgang lau.
Du siehst die Wellen Muster schreiben
und legst dich hin und lässt dich treiben.

Die Kronen bringen weißen Schaum,
dein Körper fließt in ihrem Raum,
sie brechen sachte über dir:
Die Freiheit sie ist jetzt und hier!

Wohin du siehst, nur Abstraktion
und dein Gewicht schwebt sacht davon.
Wohin du fühlst, ist es entgrenzt.
Du machst die Augen zu und rennst,
du schwimmst und fliegst und treibst dahin.
So ist es gut du weißt: ich bin.

Ferragosto

Es ist der 15. August
der Höhepunkt der Reiselust
zwischen Brenner und Neapel.

Mensch und Tier und Kofferstapel,
durch Italien kreuz und quer,
zu Bergen, Grillplatz, Strand am Meer,
trotz Stillstand auf der Autostrada
mit Fiat, Lancia oder Lada.

Anstehn vor dem Ristorante
samt Onkel, Oma, Opa, Tante,
ewig in der Bullenhitze,
und trotzdem findens alle spitze!

Pommes und ein blasses Schnitzel,
labbriges Gemüsefitzel,
drauf ein würziger Espresso,
vollgetankt noch rasch bei Esso.

Weiter geht's, das Abendlicht
blendet und verdeckt die Sicht,
leider stehn die andern schon
in Schlangen an der Mautstation.

Fenster auf, man steht halt mit,
und ganz allmählich, Schritt für Schritt,
kommt man näher an sein Ziel.

Jedes Jahr das gleiche Spiel.
Bis man da ist, ist es Nacht,
dann wird gefeiert und gelacht,
denn Ferragosto, keine Frage
ist der schönste aller Tage!

Il Faro di Goro

Einst war der Leuchtturm Herr der Schiffe.
Er lotste sie um Sand und Riffe,
sein grelles Licht in schwarzer Nacht
hat viele auf den Weg gebracht.

Heut ist am Leuchtturm eine Bar,
und es gibt Fisch, das ist ja klar.
Man landet mit dem Motorkahn
an einem kleinen Holzsteg an.
Zunächst mal schlendert man zum Strand
und lässt den Leuchtturm linkerhand.
Der Strand ist hier, das sieht man schon
des Deltas vorderste Bastion.
Ein Dschungelwerk von Ästen, Stämmen,
verkeilt zu wahren Treibholzdämmen,
schon fast wie ein Mangrovenwald-
doch denen wär es hier zu kalt.

An Buhnen brechen sich die Wellen,
ein Kläffer wagt, sie anzubellen.
Sein Frauchen ruft nur *vieni qua*!
Da dreht er um und ist gleich da.
Man kann ein bisschen Muscheln spotten.
Da, wo die Algenreste rotten,
im schwarzen, feuchten, festen Sand
glitscht manches Stück in meine Hand.

Die Krux bei Muschelfarben ist:
Getrocknet sind sie bleich wie Mist.
So schlender ich zum Leuchtturm hin,
barfuß, weil ich schneller bin.

Ich ordere ein Steckerleis,
hoch wie der Leuchtturm und so weiß.
Danach noch einen Kaffee, schwarz,
so wie am Strand der feine Quarz.
Vielleicht noch einen Spritz mit Schwipps
zum Gipfelrausch des Leuchtturmtrips.

Dann pack ich meine Siebensachen
und geh zum Steg. Auf dass der Nachen
samt Fährmann mich hinübersetzt.

Ich schau zurück, und bis zuletzt
scheint der Turm mir nachzuwinken,
auch ohne sein verjährtes Blinken.

Porto Levante

Der Himmel ist voll weißer Schleier,
von irgendwo, da kreuzt ein Reiher
mit Flügelschlägen, majestätisch.
Sein schlanker Körper, gravitätisch,
entschwindet hinterm Horizont.
Im Hafen dümpeln, wie bei Bond,
weiße Yachten, dicht an dicht.
Die Reling gleißt im Mittagslicht,
die Takelage klimpert leise,
als freut sie sich schon auf die Reise.
Unter Schirmen Plastikstühle,
der Schatten bringt nur wenig Kühle.
Selbst im Spritz, da schmilzt das Eis,
im Würfel bildet sich ein Kreis,
das Eis wird hohl, dann ist es fort,
verdünnter Spritz verbleibt noch dort.
Es bimmelt forsch ein Telefon,
man spricht hinein im Pronto-Ton.
Zwischendrin herrscht kurze Stille.
Ob hinter schwarzer Sonnenbrille
Gedanken kreisen oder nicht,
fällt letztlich auch nicht ins Gewicht.

Man sitzt herum. Die Zeit zerfließt.
Das nimmt man hin. Und man genießt.

Die Insel im Delta

Ein Ort von seltener Magie.
Vom Festland aus sieht man ihn nie,
erst wenn das Boot das Schilf durchbricht,
kommt ein Landesteg in Sicht.
Durch hartes Strandgras auf den Sand,
das ist gewiss kein Musterstrand.
Plastikabfall, angeschwemmt,
zwischen Hölzern eingeklemmt,
Muschelkrümel, Vogelspuren,
welche Arten da wohl touren?
Schlanke, filigrane, feine,
staksig- steife Läuferbeine
neben dicken plumpen Zacken,
halbverweht und eingebacken.
Zahllos sind auch die Ruinen
dessen, was mal Hütten schienen,
bis der Guide es so erklärt:
Jeder, dem sowas gehört,
baut ja dran, das ist doch klar,
und fertig wird's im nächsten Jahr.
So manche Party, die steigt drum
im Hüttenprovisorium.
Zum Meer, da ist die Insel platt.
Das Wasser, grenzenlos und glatt,
plätschert leise vor sich hin
und träumt von Wellen, Wind und Sinn.

Chioggia

Brücken, Boote und Kanäle,
Fischernetze, morsche Pfähle.
Bunte Häuser und Arkaden,
Bars, die zum Verweilen laden.

Mauern, Ziegel, Bröckelschichten,
die von alter Zeit berichten.
Enge Gassen mit viel Schatten,
grauen Pflastersteinenmatten.

Mofas, Autos, Lastenkarren,
Möwen, die in Pfützen scharren.
Ausgedehnte Fahrradspuren,
stündlich Boots-Lagunentouren.

Menschen, die an Plätzen sitzen,
sich mit Apérol bespritzen.
Angeln, die ins Wasser ragen,
Wellenblick in allen Lagen.
Wolkentürme über Dächern.
Sanfte Winde blasen, fächern,
Salzgeschmack in feuchter Luft,
brackig warmer Abendduft.

Letztes Licht verglimmt im Dunst
blauer Stunde Lebenskunst.

Der Po

Der Po entspringt am Pian del Re',
im Juni liegt da manchmal Schnee.
Das Wasser plätschert aus dem Stein,
es schmeckt sehr kalt und klar und rein.

Am Ende ist der Po sehr breit,
ein träger Strom, die Ufer weit,
mit schiefen Weiden und Kanälen
und Fischerkähnen zwischen Pfählen,
mit Möwen kreischend in der Luft
und brackig feuchtem Wasserduft,
mit Seidenreihern, Kormoranen.

Der Po zieht unbeirrt die Bahnen
und trennt sich auf und lässt sich los.
Aus einem werden viele Pos.
Gräser, Wiesen und Lagunen,
in Ufernähe manchmal Buhnen.

Muschelfischerhüttenreihen.
Im Wasser Balken. Dort gedeihen
Cozze, Vongole und mehr:
Highlights beim Gourmetverzehr!

Jeder Po geht seinen Weg,
ein letztes Boot, ein letzter Steg,

das Ufer zieht sich sanft zurück.

Die Pos mäandern noch ein Stück
bis zur Mündung, wo ihr Saum
sich dann verliert, man merkt es kaum,
und Fluss und Meer zusammenbringt:

Ein Abschiedsgruß. Der Leuchtturm winkt.

Risotto

Ein Korn, wie ein Getreide fast,
das auf den Fingernagel passt.
Es braucht viel Wasser, um zu reifen
und deshalb glitzern feuchte Streifen,
feuchte Gräben zwischen Pflanzen,
die im Sommerwinde tanzen.
Bevor die Ähren trocken brechen,
mäht der Mensch die weiten Flächen.
Dann liegt der Reisstaub in der Luft,
ein heisser Schwall von Trockenduft.
Eingelagert und sortiert,
markentechnisch portioniert.
Ab ins Wasser, und gegart,
auf dass das Korn den Biss bewahrt.
Am Ende kommt es in den Teller,
manchmal dunkler, manchmal heller.
Cremig, sämig, heiß und bissig
und in keinem Falle flüssig.
Ob mit Safran, roten Rüben
oder Parmesan, gerieben,
ob mit Kürbis oder Fisch:
Dampft das Risotto auf dem Tisch,
weiß der etablierte Esser,
weg mit Gabel und mit Messer,
greift zum Löffel, taucht ihn ein
und glaubt, im Paradies zu sein!

Die Saline von Comacchio

Am Ufersaum ein schwarzer Schatten:
Das alte Haus mit einstmals glatten
und jetzt verrauhten Mauerflächen
leidet stille am Gebrechen
allein zu sein und unbenutzt.

Im flachen trüben Wasser putzt
ein Vogel seinen Federschmuck
und pickt sich darauf einen Schluck
der salzgetränkten braunen Brühe.

Ein anderer steht ohne Mühe
bewegungslos auf einem Bein
und schläft, so scheint es, langsam ein.
Über Gras und feuchter Wiese
mäandert eine warme Brise,
ein Mückenschwarm steigt draus hervor
und hebt im Wind sich sacht empor.

An Horizont regiert die Bleiche,
flimmern schattenlose weiche
Masten, Bäume. Die Konturen
gleichen schwachen Schlierenspuren,
verwischen sich im grellen Licht
einer blassen Himmelsschicht.

Mit einem Mal erstarkt der Wind,
ein Vogel flattert und geschwind
kommt Bewegung in die Schar:

Dort, wo grad noch Ruhe war,
startet nunmehr das Geschwader
farbiger Flamingokader.

Eine Wolke bunter Flügel
grüßt die grauen Mauerziegel
von dem schwarzen alten Haus,
stößt dabei ein Kreischen aus
und verschwimmt im Mittagslicht.
Das alte Haus, es regt sich nicht.

Der Kanal von Comacchio

Ziemlich grad und ziemlich schmal
zwischen Häusern. Der Kanal
führt gemächlich klares Wasser,
leuchtend, nur im Regen blasser,
kreuzt es rundgebaute Brücken.

Mauerwerk mit kleinen Lücken
fasst ihn ein und hält ihn fest.

Obgleich in ein System gepresst,
verkörpert er Romantik pur
und spielt die Rolle mit Bravour.

Am Abend lädt der Lichterschein
die Menschen zum Flanieren ein.
Ob Gefahren lauern mögen
unter seinen Brückenbögen
geheimnisvoll im Schattenreich?

Sein Wasser schimmert seidenweich,
er selbst erweist sich unergründlich
und als im Dämmerschlaf befindlich.
Kein Windhauch, der die Fläche kräuselt
oder in den Ohren säuselt.
Man tritt ins Haus und schließt die Tür.
Wie tröstlich, er ist trotzdem hier.

Flamingos

Sie kamen einst aus der Camargue.
Jetzt staksen sie hier ganz autark
durch das flache Meereswasser,
manche rosa, manche blasser.

Sie stehen oft auf einem Bein
und schlafen, scheint es, dabei ein,
umwickeln sich mit Hals und Schnabel,
als seien sie ihr eignes Kabel.

Manches Mal in kleinen Gruppen
scheinen sie sich zu verpuppen.
So grazil und regungslos
vermögen es Flamingos bloß.
Doch irgendwann, da fällt das Bein
wieder in das Nass hinein.

Sie schreiten stolz im ruhigen Takt,
jeder Schritt ein wahrer Akt
von Sehen und gesehen werden.

Ein leises Schnäbeln, kaum Beschwerden.
Die Sonne brennt, ein warmer Wind
kräuselt Wellen auf geschwind.

Ein kurzer Blick, ein Schnabelklick
bringt die Nahrung aus dem Schlick.
Kurz geschluckt und stehn geblieben,
einen Fuß am Bein gerieben.
Und so geht das immer weiter,
Stimmungslage: Meistens heiter.

Und ist es doch einmal genug,
Formieren sie sich rasch zum Flug
und flattern mit Gekreische los,
zumeist für ein paar Meter bloß.

Dann landen sie im seichten Wasser,
manche rosa, manche blasser.

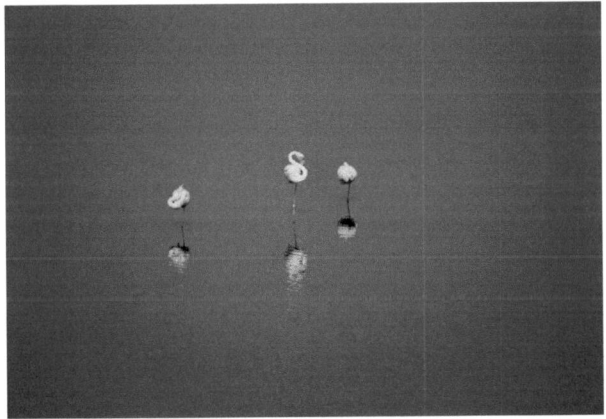

Sacca degli Scardovari

Weite Flächen, plattes Land,
Vogelschwarm am Wegesrand,
Straßen bis zum Horizont.

Flache, bunte Häuserfront,
eine Kurve und ein Deich.
Oben zeigt sie sich sogleich,
diese Bucht, so hell und weit,
so still. Bis eine Möwe schreit.

Das Wasser glatter als ein Spiegel,
ins Zentrum ziehen Balkenriegel,
endlos lang und endlos viele
und mit unbekanntem Ziele.

Am Uferdeich im Felsenschlick
Treibholzbauten, glatt und dick.
Buntlackierte Fischerhütten,
pfahlgesichert, stehn inmitten
seichten lauen Uferbracks.

Manche schauen aus wie Wracks:
Morsche Stege, teilzerdeppert,
und ein Generator scheppert,
um die Netze hochzuwuchten.
Kleine Fische, kleine Fluchten.

Männer, die mit strengen Blicken
Fremden kurze Grüße schicken.

Die Straße führt am Deich entlang,
grade, flach und mittenmang
thront zerzaust ein Seidenreiher.

Am Horizont ein Wolkenschleier,
Schatten schleicht sich übers Wasser.
Dessen Grau wird nochmals blasser.

Eine kleine, schräge Welle
plätschert völlig ohne Schnelle
an das Ufer, an den Deich,
landet sanft und seidenweich.

Während man so schaut und wartet,
ist der Reiher längst gestartet,
gleitet lautlos durch die Luft.

Ein zarter Hauch von Meeresduft
kitzelt einen in der Nase.
Bedacht in jeder Lebensphase,
so ruhig wie diese Wasserschicht,
die nur wartet und nicht spricht.

Polesine Camerini

Grade Straße, flaches Land,
Hitze flirrt wie eine Wand,
Sonnenblumen sehn zum Licht,
neigen Köpfe dicht an dicht.

Ein Labyrinth aus Leitungstrassen,
auf die sehr viele Vögel passen.
Sie sitzen da und schauen keck
und fliegen dann am Ende weg.
Der breite Po, ein träger Fluss,
fließt entspannt und mit Genuss
in seinem dunklen, starken Blau.

Die Uferlinie sitzt genau
und gibt ihm eine klare Form.
Wucht und Weite sind enorm.

Der Ort, er liegt am Fuß der Brücke.
Ein paar Häuser, recht viel Lücke,
Felder, Scheunen, Wassergräben,
die den Feldern Rahmen geben.

Am Ortsbeginn, am Straßenrand
steht ein Obstgemüsestand.
Alles frisch und hier gezogen,
der Preis, fast läppisch, ungelogen!

Sonst flache Häuser, rot und weiß,
reglos. Leblos. Es ist heiß.
Im Zentrum gibts noch eine Post
und ein Geschäft mit feiner Kost.

Der Treffpunkt ist jedoch die Bar.
Sie stellt den Alltagszyklus dar.
Man trifft sich hier, man kommt und geht,
ob früh, ob mittags oder spät.

Am Abend melden sich die Grillen
mit unbedingtem Lebenswillen.
Lang und länger fallen Schatten
über Bäume, Wiesenmatten.

Die Nacht kommt sanft und sie sinkt weich,
Fluss und Häuser schlafen gleich.
Nun ist es still, bis auf die Grille,
das ist des Deltas Sommerwille.

Treibholz

Schnurgerade, wie ein Kamm,
läuft der schmale, flache Damm
mit dem grauen Straßenband
durch das texturierte Land.
Rechterhand nur Busch und Reis,
links ein Steinwall, schmutzig weiß,
bis zum Horizont nur Wasser,
abends kräftig, mittags blasser
Auf der Straße klaffen Löcher,
große, kleine, noch und nöcher
und am Steinwall wächst Gestrüpp.

Weiter unten, dies als Tipp,
wird das Treibholz angeschwemmt,
bis es irgendwo verklemmt.
Hörner, Nasen, Wurzeltürme,
Spielball der Gewitterstürme,
bleiben liegen. Und die Zeit
wäscht sie rund und flach und breit
oder kurz und schmal und spitz
und vergrößert manchen Schlitz.

Ganz einzigartig jedes Stück
und doch entzieht es sich dem Blick
des Menschen, der am Damm bloß steht
und nicht den Schritt hinuntergeht.

Vor der Bar in Camerini

An jedem Tisch, da sitzt ein Mann,
schaut konzentriert sein Handy an.
Man scrollt und guckt und ja, man spricht,
und jedes Wort trieft vor Gewicht.

Es wird mit Gesten ausstaffiert,
wobei die Hand den Tisch berührt,
der Klang der Stimme variiert,
der ganze Oberbauch vibriert,
und kommt die Kellnerin vorbei,
noch einen Caffe oder zwei.

Die Männer füllen allen Raum.
Die Frauen, nun, man sieht sie kaum.

Sie haben eine eigne Ecke,
ganz bestimmt nur zu dem Zwecke,
ungestört und tuschelnd, leise,
konzentriert und alltagsweise
all die Machos kleinzulästern:
Weißt du noch? Beim Abwasch? Gestern?

Die Herren diskutiern mit Feuer,
Fussball, Wirtschaft, alles teuer
und irgendwann, da gehn sie dann -

sofern man´s gehen nennen kann,
wenn sie mit den Gummischlappen
förmlich dran am Gehsteig pappen.

Nach einem Meter hält Mann an,
damit Mann weiterreden kann.

So wird die Strecke endlos lang.
Kein Ziel, kein Stress, heißt auch kein Zwang.

Die Frauen bleiben derweil sitzen,
bei Ernstem und bei Frauenwitzen.

So ist das morgens vor der Bar,
so klar, so einfach und so wahr.

Der Stand bei Camerini

Er steht da klein am Straßenrand,
so mittendrin im Niemandsland.
Ein blasser Himmel, ohne Narben.

Am Stand, da leuchten pralle Farben:
Tomatenrot und kürbisgrün,
das pfirsichgelb erhebt sich kühn
über zartes knoblauchgrau,
dazwischen funkelt traubenblau.
Tropeazwiebeldunkelrot,
kartoffelbraun wie frisches Brot,
satt grün und gelb die Paprika -
so prächtig steht die Bude da,
wie für die Ewigkeit gemacht.

Und hinter all der Farbenpracht,
da räumt und werkelt jemand rum
und komm ich nah, dreht er sich um
und fragt mich nach der Dinge Lauf.

Dann nimmt er die Bestellung auf.
Er prüft und wiegt und packt es ein
und fragt mich: Darf es noch was sein?
Ich nicke mit der Augenbraue.
Je mehr ich schnuppere und schaue,
desto mehr scheint unentbehrlich.

So ein Stand ist echt gefährlich!
Am Ende ist es ausgesucht,
und das Ergebnis wird verbucht,
der Preis stets besser, als man denkt.
Man wähnt vom Schicksal sich beschenkt.

Voll bepackt und sehr beglückt,
hab ich ihm die Hand gedrückt
und marschier ins weite Land.

Und er? Er bleibt bei seinem Stand.
Er räumt, sortiert so Stund um Stunde.

Sieh da, da kommt ein neuer Kunde.

Un' altra notte italiana

Das Fenster mit dem Mückengitter
bringt kein Lüftchen, das ist bitter.
Das T-Shirt und die Hose kleben,
nun, dann entledigt man sich eben.
Doch bald darauf, das ist der Haken,
kleben Kissen und auch Laken.
Sie pappen derart an der Haut,
dass man sich kaum zu Atmen traut.
Die Luft zerfeuchtelt vor der Nase
vom Einschlaf - bis zur Ausschlafphase.
Der Atem kämpft, und das Gefühl,
es sei betonblockartig schwül,
bemächtigt sich all deiner Sinne.

Das Brustbein bildet jene Rinne
vom Brusthaaruferschilf berührt,
die deinen Po ins Delta führt.

An Schlaf ist dabei nicht zu denken.
Beim *sich in Deckenfalten senken*,
da kommt es rasch zum Hitzestau.
Es scheint des Deutschen Körperbau
für diese Wärme nicht gemacht.
Darum allseits: schlechte Nacht!

Die Fischerhütten im Podelta

Der Damm verläuft in sanftem Bogen,
weit geschwungen, langgezogen.

An seinem Ufer stehen Hütten
auf Pfählen, Stelzen und inmitten
der seichten, flachen Uferwellen,
aus Blech, aus Balken und aus hellen,
schon verblichnen Spanholzplatten,
die Stege morsch, aus losen Latten.

Die Netze werfen scharfe Schatten.
Sie hängen durch wie Hängematten
an Seilen, die auf Rollen laufen.

Ihr Inhalt? Nun, ein ganzer Haufen
kleiner Fische baumelt drin.
Verwaist, verstorben ohne Sinn.
Die Hütten in der langen Reihe
warten, scheint es, fast wie Haie.

Sie liegen da in stummer Ruh
und schlagen unerwartet zu:
Dann lärmen die Generatoren.
Die Netze triefen aus den Poren
und fahren ständig rauf und runter.
Die Hütten zittern, plötzlich munter.

Die Fischer gucken konzentriert,
ob sich im Netz doch noch was rührt.

So geht das ständig hin und her,
am Schnittpunkt zwischen Land und Meer,
am Damm, der in die Ferne führt,
bis er den Horizont berührt.

Faro di Goro Variante

Es ist ein Ort, nicht leicht zu finden.
Ich muss erst manches überwinden,
schmale Straßen, das Gelände
flach und trostlos bis zum Ende.
Dann ein Steg, daran ein Boot.
Da ist nichts los, es wirkt wie tot.
Ein Fährmann winkt und ich steig ein.
Wir fahren los, zu zweit allein.
Ein warmer Wind bläst ins Gesicht.
Der Damm erscheint in blassem Licht.

Da drüben ragt er schon empor,
gedrungen aus dem Schilf hervor.
Der Leuchtturm sendet das Signal:
Ich bin noch hier, besucht mich mal!
Das Boot legt an, und übern Rand
tritt man vorsichtig aufs Land.

Der Leuchtturm, er bewacht den Strand,
Schirme, Muscheln und den Sand
und das Treibholz, das in Formen
frei von Regeln und von Normen,
blankpoliert und aufgeraut
gelassen zum Betrachter schaut.
Es wird umspült vom weißen Schaum,
genau am Rand vom Meeressaum.

Es treibt nicht mehr. Es ist am Ziel,
geformt vom Wind- und Wellenspiel.
Ich setz mich hin und schau ihm zu.
Die Zeit vergeht dabei im Nu,
und nur der Leuchtturm zeigt mir dann:
Es steht noch eine Rückfahrt an.

Spiaggia Barricata

Ein Tag am Meer bedeutet chillen
mit viel zu großen Sonnenbrillen
und konzentrierter Körperfülle
in luftiger Bikinihülle.
Schirm an Schirm und Tuch an Tuch,
man nickert oder liest ein Buch.
Der Sinn und Zweck, der einzig Wahre,
er liegt im steten abbronzare.
Man wendet sich wie auf dem Grill,
weil man es ebenmäßig will.
Dazwischen geht man mal flanieren.
Die Zehen wollen Wasser spüren,
die Grenze liegt zumeist am Knie,
tiefer rein geht es fast nie.
Am Mittag schlendert man zu Tisch
zu Pommes, Cola und zu Fisch.
Zum Nachschlag gibt es noch ein Eis.
Die Sonne brennt auch wirklich heiß!
Danach dann eine Siesta halten,
zuerst noch Creme in die Falten,
auf die Haut und ins Gesicht,
dick und weiß und strahlungsdicht.
Die Stunden schleichen, kaum bemerkt,
das Zeitgefühl wird hier verzwergt.
Das süße Nichtstun ist am Strand
ein Fußabdruck im warmen Sand.

Treno d' Italia Chioggia-Adria, 2020

Am Bahnhof steht allein ein Wagen
aus ganz bestimmt viel bessren Tagen,
verschönert mit Graffitikunst.
Die Fensterscheiben zeigen Dunst,
wo schlicht und einfach keiner ist.

Der Diesel wummert und er frisst,
der Schaffner schaltet Gang für Gang,
der Wagen rattert mittenmang
durch das schneidbrettflache Land.
Im Zug: ein Muster an der Wand,
tapetenbleiche schwarze Kreise
auf einer 1970-Reise.
Der Sitze beiges Kunststoffkissen
zerknautscht und maximal zerschlissen,
das Fenster schiebt sich senkrecht runter:
Die Welt wird unvermittelt bunter.
Am Klo, da steht ganz groß: Abort.
Wahrhaftig ein gewähltes Wort.

Der Wagen bremst an der Stazione
in kreischend-klirrend-schrillem Tone.
Die Tür geht auf, die Druckluft zischt,
der Mensch entklettert recht erfrischt
dem graffitibunten Wagen.
Entschleunigt, könnte man wohl sagen.

Nachsaison in Boccasette

Der Sessel unterm Schirm ist leer,
Eintritt zahlt man keinen mehr.
Die bunten Schilder wirken müde,
am Parkplatz herrscht ein leerer Friede.
Ein Bagger schaufelt Sand am Strand
hoch hinauf zu einer Wand.
Möglichst weit vom Wasser türmen
sich als Schutz vor Winterstürmen
Sandgebäude groß und schwer,
als ob das hier ein Spielplatz wär!

Abseits häuft sich Treibholz auf,
blankpoliert. Der stete Lauf
von Flut und Ebbe schwemmt es an.
Es keilt sich fest und liegt sodann,
wird irgendwann vom Sand bedeckt,
während ständig Brandung leckt.

Venusmuscheln auf dem Sand,
Fische, Krebse, mancher Tand:
Alte Schuhe, Plastikflaschen,
Bänder, Ringe, Netze, Laschen,
Quallen und ein platter Fisch.
So ein Strand ist wie ein Tisch,
auf den man einfach alles schmeißt,
was irgendwo im Orbit kreist.

Was nun geschieht, ist intressant:
Am Übergang vom Meer zum Land
bleiben Dinge nie stabil.
Sie ändern Größe, Form und Ziel.
Es reicht zumeist bloß eine Welle
und wie verwandelt ist die Stelle,
Gewohntes zeigt sich unbekannt,
hier im Herbst und dort am Strand.

Der Bienenfresser bei Ca di Mello

Ein hoher, kurzer, schneller Ton
verrät ihn gleich: da ist er schon!
In sattem grün und gelb und braun
ist er manierlich anzuschaun.
Zum Jagen nutzt er seinen Schnabel,
spitz wie eine Eisengabel
und schnappt sich in enormer Schnelle
eine tanzende Libelle.
Er flattert auf ein Kabelstück
und versucht sein Werbeglück,
indem er reichlich ungeniert
das Tier im Schnabel präsentiert.
Er sucht die Dame seiner Wahl,
und siehe da, sie kommt schon mal
und landet, zwar noch distanziert,
doch durchaus angenehm berührt.
Und flattern sie gemeinsam fort,
dann hat er zweifellos ihr Wort.

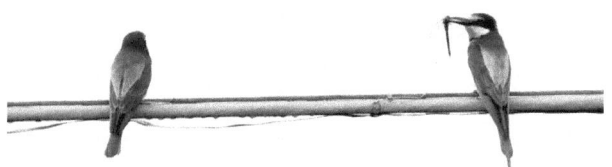

Olivenbäume

Stämme, die sich selbst umschlingen,
sind beim miteinander Ringen
zur Unendlichkeit erstarrt.
Die Rinde wuchert knorrig-hart
wie ein eingewachs´ner Bart,
voller Furchen, Wunden, Spalten,
voller Wind und Wetter Falten.
Oben wachsen zarte Äste
und an ihnen kleine, feste
grüne, schwarze, lila Knöpfe.
Dicht und rund wie Mädchenzöpfe
hängen sie im Licht der Tage
mit der milden Wetterlage,
bis es feuchter wird und kühler.
Der Baum streckt nochmals seine Fühler,
dann holt der Mensch die Ernte ein.
Und im Novembersonnenschein
bleiben Äste leer zurück.
Der Mensch genießt sodann sein Glück
und presst das Öl aus der Olive,
derweil sich Stämme, krumme, schiefe
wie zum Troste fest umschlingen,
denn bis sie neue Ernte bringen,
wird ein ganzes Jahr vergehen.
Schlechte? Gute? Man wird sehen.

Monti Casentini

Nach dem Regen glitzert Sonne.
Echsen liegen voller Wonne
auf der warmen braunen Mauer.

Über Gipfeln letzte Schauer
stehen schwarz am Himmelsrand.
Dichtes, grünes Hügelland,
erste Tupfer gelb und rot:
Der Sommer holt den Herbst ins Boot.

Im Westen noch ein goldner Fleck,
dann ist der letzte Lichtschein weg.

Die Wälder sind nun ganz im Schatten,
auch die braunen Wiesenmatten.
Kühle überfällt die Luft.
Blätter-und Gewürzeduft
kitzelt vorlaut in der Nase.

In Pastell erscheint die Phase
zwischen Tag und zwischen Nacht
und allmählich flackert sacht
am Firmament die Sternenschar.

Tausend Punkte, hell und klar,
ein Käuzchen ruft, sein hoher Ton

hallt im Wald. Und da - synchron
ist ein tiefes, dumpfes Röhren
samt dem Echolaut zu hören.

Bald röhrt es laut von allen Seiten
und verteilt sich in den Weiten
von Kastanien, Buchen, Eichen.

Brunft der Hirsche. Welch ein Zeichen,
machtvoll zeigt sich die Natur.
Wir, die Menschen, staunen nur.

Il Calcio

Italien lebt auch für den Sport,
er dominiert den Alltag dort,
und calcio heißt das Zauberwort,
Worum es geht in einem fort.
Mann redet drüber an der Bar,
guckt Pay-TV das ganze Jahr,
Mann ist Tifoso, der Verein
darf Mittelpunkt des Lebens sein.
Mann streitet, fuchtelt, diskutiert,
was regelhaft zu gar nichts führt,
doch Stunden mit Erleben füllt
und Schmerzen, Durst und Hunger stillt.
Die Fußballstätten, muss man sagen,
sind meistens Grund zum lauten Klagen:
Verfallsbedroht, der Eintritt teuer,
und manche Kundschaft nicht geheuer,
was sukzessive dazu führt,
dass alles sich verkompliziert.
So ist der bloße Ticketkauf
ein Marathon-und Slalomlauf.
Mann bleibt oft lieber in der Bar,
inmitten einer Männerschar,
und fiebert, feiert, leidet mit,
am Ende ist man niemals quitt.

Il Bar

Es gibt sie stets, an jedem Ort
und man trifft ziemlich Alle dort.
Auch deshalb zieht es einen rein:
Man möcht ein Teil von Allen sein.

Es wird geredet und getrunken,
geherzt, gebusselt und gewunken,
der Caffè wird auf ex gekippt,
am Cappuccino wird genippt.

Die Brioche gibts mit Servietten,
die winzig sind. Die Finger fetten
und das Nutella klebt am Mund.

Der Puderzucker wirbelt rund
und man schaut aus wie ein Tourist,
der erstmals so ein Hörnchen isst.

Die Zeitung, dutzendfach gelesen,
liegt achtlos auf dem dunklen Tresen.
Die Tassen klappern ohne Ruh,
zu gerne hört man ihnen zu.
Dazu das Zischen der Maschine,
im Blickfeld der Barista-Mine.
Es ist ein Kommen und ein Gehen,
gesehen werden, selber sehen.

Drei Worte und ein kurzes Nicken,
die Münze fällt mit hellem Klicken,
dann ist, wo grad ein Mensch noch stand,
nur noch ein Hauch von Schattenrand.

Die Tür schwingt auf. Schon wird das Bild
mit neuen Gästen aufgefüllt.

Ein steter Strom an Menschenschar
Stund´ um Stunde, Jahr für Jahr.
Pausenlos, so lebt fürwahr
Italien täglich an der Bar.

Amatrice, 2021

An jeder Wand ein Bild vom Ort,
doch seine Häuser, sie sind fort.
Wo einst die alte Straße lief,
ist nicht mal mehr was krumm und schief.

Da ist ein Loch, da sind nur Trümmer,
Erinnerung macht es noch schlimmer.
Die Menschen wohnen jetzt inmitten
stapelgleich gebauter Hütten.
Die Wände gelb, die Blumen bunt,
der Spielplatz sauber, neu und rund.

Doch ein Zuhause ist das nicht.
Das spiegelt sich auch im Gesicht
und zwar in ganz enormem Maße
der Menschen draußen auf der Straße.

Vielerorts, da stehn Gerüste,
warnen Schilder. Wenn man wüsste,
dass da irgendwas passiert,
wär das eher akzeptiert.

Leider, hört man, tut sich wenig.
Im Orte ist der Stillstand König.
Was vorwärtsgeht, macht man alleine,
Unterstützung gibts fast keine.

Und so verpufft der erste Schwung
und ist bald nur Erinnerung.

Es schleicht ein neuer Unterton
aus Müdigkeit und Depression
sich in den zähen Alltag ein.

Wer mag noch optimistisch sein?
Es gehen viele Junge fort,
im Koffer liegt ein Bild vom Ort
mit weißem Schnee auf allen Gipfeln
und Sonnenlicht auf allen Wipfeln
und stolzen Türmen in der Stadt,
die wohl ihr Herz verloren hat.

Schafshitze

Weiche Kanten runder Hügel,
Mauerreste, rote Ziegel.
Vernarbte Borken alter Bäume,
im Schatten ihrer dicken Stämme
ruhen kauend wollig-brave
weiße, braune, schwarze Schafe.

Die Sonne brennt am bleichen Himmel,
in heißer Luft summt ein Gewimmel
von Käfern, Mücken, kleinen Fliegen,
die sich in schwarzen Schwärmen wiegen.

Die Schafe sehn sich prüfend um,
gemächlich, träge, still und stumm,
sie zählen den Sekundenlauf.
Irgendwann stehn sie dann auf,
und traben ein paar Meter weiter,
ein bisschen Sport ist halt gescheiter.
Sie knabbern ein paar grüne Spitzen,
und eh sie sich zu sehr erhitzen,
legen sie sich wieder hin.
Ach, Schafe, und ihr Eigensinn.

Zikaden

Vor dem Haus steht eine Linde,
leise raschelt es im Winde,
wenn sich ihre Blätter drehen.
Mittendrin und nicht zu sehen,
startet plötzlich die Zikade.
Eine kräftige Ballade
Sägt und geigt sie in die Nacht,
dass es lärmt und sirrt und kracht.
Pausenlos und unverdrossen,
so als hätte sie beschlossen,
dieser Garten drumherum
sei ihr Auditorium.
Irgendwann, da stockt sie dann,
weil vielleicht sie nicht mehr kann.
Doch schon bald durchbricht die Stille
ferne, vielstimmige Fülle.
Irgendwo sind Artgenossen,
und auch die sind unverdrossen,
spielen fröhlich ihre Lieder.
Aufgepasst- da kommt sie wieder:
Sie setzt an, erst etwas bieder,
steigert sich jedoch hinein.
Das kann nur die Zikade sein.
Sie groovt im dichten Blätterdach
und hält damit die Linde wach.

Alatri, *Centro Storico*

Dieses Schild sagt: Es wird alt.
Folgt man ihm, ist es nicht weit
und man findet sich alsbald
wieder in vergangner Zeit.

Enge, dunkle, feuchte Gassen,
himmelhohe schwarze Mauern,
die kein Licht zum Boden lassen,
wecken plötzliches Erschauern.

Steile, schmale Treppenstufen
führen unter runde Bögen.
Was wohl jene, die sie schufen
einst erwogen haben mögen?

Pflastersteine, eng verwoben,
krummgedrückt und blankgelaufen,
ob von unten oder oben,
als ein Mosaik mit Schlaufen.

Dicke, graue Türportale,
grob gehauen grüßt ihr Stein,
ließen durch so manche schmale
Pforte früher Menschen ein.

Fensterrahmen über Bänken
sind mit Töpfen zugestellt,
zarte grüne Triebe schenken
eine bunte Blumenwelt.

Menschen sieht man ziemlich selten,
und sie huschen rasch hinfort.
Kurz begegnen sich die Welten,
hier an diesem stillen Ort.

Solche Zentren der Geschichte
finden sich im ganzen Land
mit verblüffend hoher Dichte,
Italien ist dafür bekannt.

Es stellen sich dort große Fragen:
Wie: *Leben oder sterben sie?*
Kaum einer wagt das heut zu sagen:
Gehn die Zentren in die Knie?

Man muss die Welten wohl verbinden,
wenn man es verhindern will.
Moderne muss Geschichte finden,
sonst bleiben sie für immer still.

Die Piazza

Ein jeder Ort besitzt so eine,
große, weite, enge, kleine,
grade, krumme, mit viel Schatten
oder lichtgebleichten Platten.

Eine Bar liegt stets am Rande,
denn dort knüpft man jene Bande,
die den Platz am Leben halten.
Alte Herren, meist mit Falten
im Gesicht und in der Hose,
gruppieren sich zumeist recht lose
auf den Stühlen um die Tische.

Starke Gesten, Handgewische,
Politik und Nachbarsklatsch,
Ernstes, Heitres und auch Quatsch.

Mütter kommen auch vorbei,
ist die Piazza autofrei,
rennen Kinder dort im Kreis,
brennt die Sonne noch so heiß,
stört sie das zunächst mal nicht.
Dann jedoch, im Mittagslicht,
ist die Piazza bald verwaist.

Totenstille, oben kreist
fast der Geier, möcht man meinen
auf der Suche nach Gebeinen.

Wer sich manchmal hin verläuft
und in der Bar drei Liter säuft,
ist der suchende Tourist,
der vergisst, dass Siesta ist.

Später wachsen dann die Schatten
von den alten Mauerplatten
und das Licht lässt ihre Farben
nicht mehr in der Blässe darben,
sondern taucht den Platz in Leben,
wie sie Abendstrahlen geben.

Vor der Bar fülln sich die Stühle
und am Tresen herrscht Gewühle.
Auf der Piazza wird spaziert,
werden Hunde ausgeführt,
wird herumgestikuliert,
kreuz und quer telefoniert.

Bricht die Dämmerung herein,
scheint der Höhepunkt zu sein.
Liegt es an der milden Luft,
an dem leckren Essensduft,
der aus allen Gassen streicht?

Liegt es daran, dass vielleicht
Leben, wo es Piazzas gibt,
Abendzeit besonders liebt?

Ziemlich spät, nach Mitternacht,
schläft der Platz erschöpft und sacht
unter sanftem Träumen ein.

Ach, ist es schön, ein Platz zu sein!

Ankunft in Neapel

Im Schneckentempo schleicht der Zug,
und plötzlich scheint es ihm genug.
Die Bremse kreischt, und er bleibt stehn.
Es wird wohl nicht mehr weitergehn.

Montesanto. Endstation.
Ein Menschenstrom fließt sacht davon.
Geschäftig, aber doch gedämpft,
wird trotz der Enge nicht gekämpft.
Termindruck scheint es nicht zu geben,
im Süden, hier im Alltagsleben.
Die Glastür schwingt, man tritt ins Freie
in einer langen Menschenreihe.
Es folgt die Sinnesexplosion
an Farbe, Duft und Bild und Ton.

Nonnen, Mopeds, Fischverkäufer,
Kaffeebringer, Anzugläufer.
Puderzucker, Sfogliatelle,
kross geschichtet, warme, helle.
Kirschen, Äpfel und Tomaten
neben grünen Blattsalaten,
und Melonen, groß wie Köpfe
marmorner Antikgeschöpfe.
Der Bahnhof, scheint es, liegt am Rand
vom Eintritt ins Schlaraffenland.

Graffiti napoletani

Die wilden Gassen von Neapel
haben was von einem Stapel
hoher Mauern, dunkler Flecken.

Pflastersteine, Brunnenbecken,
wahllos kolorierte Schichten,
die sich inszeniert verdichten,
wenn man länger stehenbleibt
und sie selber weiterschreibt,
mit eignen Augen, eignem Sinn.

Madonna, Kämpfer, Venus, Dschinn,
grüßen von den Mauerwänden,
schaffen Sagen und Legenden.
Sprayerwelten, Sprayerwut,
Sprayergeist und Sprayermut.

Die Geschichten und Facetten
von Protest, gesprengten Ketten,
Glaube, Irrtum, Liebe, Hass,
werden mit den Jahren blass,
entblättern sich. Der Strassendreck
leckt die letzte Farbe weg.

Und in der Nacht sprüht jemand neu.
Neapels Künstler sind sich treu.

Banksy in Neapel

Der Meister ist nicht leicht zu finden.
Man muss sich durch die Gassen winden,
auch auf Google Maps vertrauen
und um jede Ecke schauen.
Hier muss er sein, wo ist er bloß?
Zu klein, versteckt oder zu groß?

Dreimal um den Platz gelaufen,
brummeln, grummeln, seufzen, schnaufen.
Da ist er ja. Wie die Erweckung
schält er sich aus der Versteckung,
gediegen durch ein Glas geschützt,
was der Lebensdauer nützt.

Ein Frauenzimmer, ganz grazil
im madonnenhaften Stil.

Am Haupt entspringt der Glorienkranz
und mittendrin im Strahlentanz
droht unverhohlen die Pistole.
Vereint sind die extremen Pole
von Glauben, Treue und Gewalt
im Antlitz christlicher Gestalt.

Banksy denkt halt allegorisch,
und wir umarmen uns euphorisch!

Wir haben ihn jetzt doch gefunden,
es sind erhabene Sekunden.
Das Bildnis fügt sich nahtlos ein
in den Alltag und das Sein.

Der Blick nach links trifft eine Tür,
nur halb geöffnet. Neben ihr
ein leerer Stuhl in einer Ecke.
Er dient verschlafen einem Zwecke,
der sich grade nicht erschließt.
Auf einem hohen Ständer sprießt
ein nobler Hut dem Himmel zu.
Das Bildnis hat hier seine Ruh.

Die Krippengasse und Maradona

Plötzlich einmal abgebogen
und schon förmlich aufgesogen
von Figuren und Figürchen,
Häusern mit und ohne Türchen,
Krippen aller Provenienzen
mit oft sportlichen Tendenzen.

Hundert Größen, hundert blaue
glatte, krumme, grade, raue,
statuierte Heldenköpfe.
Hundert heilige Geschöpfe,
stets mit gleichem, edlen Blick
voller Würde, Stolz und Glück.

Hier ist er nun, der Virtuose
in der weißen Fußballhose.
Ein jeder Krippe als Figur
verleiht er göttliche Kontur,
auch jetzt, da er verstorben ist.

In dieser Stadt voll Herz und List,
voll Leidenschaft und Lust und Pein
wird Diego ewig Meister sein.

Oben und unten in Neapel

Die Vorortzüge sind mitnichten
ein Füllhorn an Erfolgsgeschichten,
obwohl sie meistens pünktlich fahren
und zuverlässig auch seit Jahren.
Doch ist das Schienennetz marode,
manch Bahnsteigdach ringt mit dem Tode.

Das ist der Alltag. Die Vision,
sie leuchtet weiter unten schon.
Die U-Bahnhöfe sind ein Gucker,
Stauner, Glotzer, Augenjucker.
Farbenfrohe Lichtkanäle,
bunte Dächer, Treppensäle,
Linienspiele, Formenräusche,
Spiegelsäle, Sinnestäusche.

Der Bahnhof glänzt als Kunstaktion
in postmodern-verspieltem Ton.
Das ist die U-Bahn in der Stadt,
für jenen, der es eilig hat.

Die andern bleiben lieber oben,
wo Lärm und Dolce Vita toben.

Pizza napoletana

Die Pizza wurde hier erschaffen,
die schärfste aller Gastrowaffen,
ein Stück, das, weltweit exportiert,
die Küchenwelt von heut regiert.

Auf geht's, gehn wir Pizza essen,
testen, schmecken und vermessen.
Ist der Fladen echt so gut,
wie ein jeder Mensch hier tut?

Der Teller kommt, die Augen groß:
Was ist denn in Neapel los?
Der Rand, breit wie ein Autoreifen,
doch schon beim allerersten Greifen
stellt sich raus, das ist nur Luft
in zarter Mehl- und Wassergruft.

So leicht, so kross, es knackt im Mund,
Tomatensüße, rot und rund.
Knoblauchzehen, schärfeduftig,
Mozzarella, weich und luftig,
die Pizza ist ein Kunstgenuss.
Sie zu erobern ist ein Muss.

Il caffe napoletano

Man hatte uns schon vorgewarnt.
Im weißen Tässchen, gut getarnt,
da lauert eine Implosion
von Duft, Geschmack und Farbenton.

Am Boden jener weißen Tasse
glänzt schwarzbraun eine dicke Masse.
Zwei Löffel Zucker reingerührt
und sachte dann zum Mund geführt,
denn diese Tasse ist sehr heiß
(was baldigst spürt, wer es nicht weiß)!

Der Gaumen wird erst sanft berührt
und in der Folge jäh verführt
dank Bitterstoffen, Nuss und Süße.
Es sind Neapels Morgengrüße.

Straßenpflaster in Neapel

Die Pflastersteine dieser Stadt
sind alles, nur bestimmt nicht platt.

Leicht gewölbt und patiniert,
vom Fischmarktabwasch mariniert
von Absatzspitzen perforiert
und Katzenpfoten sanft berührt,
von Autoreifen abgerieben
und Mopeds vor sich hergetrieben.

Mäuse und so manche Ratten
bewohnen die gewölbten Platten,
und dem blankgelebten Stein
entgeht gewiss kein Hosenbein.

Morgens glänzt er leichtgekühlt,
mancherorten frisch gespült.

Abends ist er aufgewärmt,
vom Tagestrubel leicht verhärmt
und nachts, da kommt er dann zur Ruh,
befreit von Reifen, Rad und Schuh.

Verkehr in Neapel

In jeder Stadt gibt es Verkehr.
Verkehrskulturen wiegen schwer.
Sie sind speziell und ortsgenau.
Als Fremdling wird man draus erst schlau,
wenn man es am Leibe spürt,
wozu die Wissenslücke führt.

Für Napoli heißt das konkret,
dass hier kein Fahrzeug jemals steht.
Die Ampelfarbe, die ist schnurz
und grün eh nur sekundenkurz.
Man hebt die Hand und rennt halt los.
Wer stehenbleibt, der wartet bloß
Stund um Stunde, Tag um Tag,
weil niemand jemals stoppen mag.

Weil niemand jemals stoppen kann.
Denn tät er es, dann wär er dran.
Hupgekreische, Schimpfkonzert,
weil einer hier die Straße sperrt.
Und wenn man selber Auto fährt,
lebt man nur dann unbeschwert,
wenn man schleunigst anerkennt:
Fahren, bis der Reifen brennt!

Nur mit den Augen überall
vermeidet man den großen Knall.

Ja, es verengt die Straßenbreite
das Moped von der rechten Seite
und auch von links dröhnt eins heran.
Nur Millimeter bleiben dann,
Nervenflattern, Wehgewimmer!

Doch es passt so gut wie immer.
Und Raser, nun, die gibt es kaum,
denn man hat Zeit und es fehlt Raum.

Der Himmel

Neapel scheint beim Blick nach oben
wie auf eine Schnur gezogen:
Steile Wände, angebunden
und im Dunkel halb verschwunden.
Dekor und Glanz der Hausfassaden.
Manch klappergrauer Fensterladen
hängt windschief da im Dämmerlicht
und wartet, bis er vollends bricht.

Die Schnüre, die die Häuser halten,
sind voll wehender Gestalten,
weiß und grau und manchmal bunt,
lang und breit und manchmal rund.

Sie flattern, winken und verkeilen,
um dann verschlungen zu verweilen,
im Mittagsphlegma eingedöst,
bis dann ein Windhauch sie erlöst.
Ganz oben, wo die Häuser enden
und Wände sich zu Dächern wenden,
da bleibt ein schmaler Streifen Licht.

Das ist der Himmel. Oder nicht?

Mamma Mia

Es fängt ja schon am Spielplatz los
der Minimacho plärrt sich groß
die Mamma tätschelt ihm das Haupt,
und wundert sich, dass es so staubt,
der Bengel wirft halt gern mit Sand.

Die Tochter hockt am Kastenrand
und wischt sich still die Augen aus.
Der Junior schwelgt in Saus und Braus,
er kriegt ein Gutti, oder zwei,
die Tochter isst gesunden Brei.

Der Bube ist der Prinz im Leben,
er kräht und darf Befehle geben,
sie hat nach Folgsamkeit zu streben,
am Ende da gehorcht sie eben.
Und sind sie größer, geht's so weiter.
Das Mädchen kocht, obwohl gescheiter,
es putzt und räumt und brät den Fisch,
der Sohn fläzt am gedeckten Tisch.
Er isst und lässt den Teller stehn,
Denn jetzt muss er zum Fußball gehn.
Die Mamma lässt ihn Sportler sein.
Die Tochter kauft noch schnell mit ein
und hängt dann seine Wäsche auf,
Familienalltag, Lebenslauf.

Das ist noch heut so in Italien
und das sind keine Marginalien,
und auch die Mamma, die Matrone,
regiert zwar in der Wohnungszone,
doch in der bunten Außenwelt
zählt nur der maskuline Held.

Ein Held, der lang zuhause wohnt,
was Kontostand und Nerven schont,
auch ist es schwierig, keine Frage,
sich in moderner Lebenslage
von Mammas Haushalt zu entwöhnen,
so ist das mit Italiens Söhnen.

Siesta

Oberhalb vom Alpenrand,
da ist die Weisheit wohlbekannt:
Ja, die da unten, die im Süden,
die spielen mittags halt die Müden,
die schließen alles stundenlang
und frönen dann dem Nichtstu-Zwang.
Quert man dann den Alpenrand
und landet im Zitronenland,
dann wird man schwuppdiwupp bekehrt,
je weiter man nach Süden fährt.

Am Himmel glühen tausend Sonnen,
man fühlt sich innerlich zerronnen.
Alles feuchtelt, alles klebt.
Bei jeder kleinen Drehung bebt
das Herz und treibt den Pulsschlag an.
Der Schweiß erfließt sich seine Bahn.
Monoton das Fliegensirren,
Vögel zwitschern, Wolken flirren.
Im Kühlschrank steht das kalte Wasser
doch jeder Schluck macht bloß noch nasser
und treibt mehr Tropfen auf die Stirn.
Kein Geistesblitz verlässt das Hirn.

Man dumpft nur träge vor sich hin.
Das nennt sich Siesta-und macht Sinn.

Vesuv

Neapel lebt durch den Vesuv,
der jene reiche Erde schuf,
die Menschen eine Heimat bot
fernab von Hunger, Armut, Not.
Er schenkte Wasser, roten Wein,
und Wolken, Regen, Sonnenschein,
doch brach er einmal furchtbar auf,
entließ rotschwarzen Lavalauf,
und viele hatten, binnen Stunden
in seiner Glut den Tod gefunden.

Die ausgegrabenen Ruinen
könnten jetzt als Mahnmal dienen,
doch letztlich fragt man sich, wofür:
Neapel fehlt die Ausgangstür.
Die Gegenwart, das sind Millionen,
die dicht an dicht am Abhang wohnen,
hightechmäßig observiert,
ob das in eine Zukunft führt?

Die Stadt, sie weiß es selber nicht.
Und blickt man ihr ins Angesicht,
so zeigt sich deutlich ihre Lage,
doch sie stellt sich nicht die Frage.
Nur die Antwort gibt sie täglich:
Lebensfroh, robust, beweglich.

Ventotene

Ein letzter Streifen warmes Licht
scheint der Insel ins Gesicht.
Ihm folgt das Grau der Zwischenstunde.

Ein Hahn kräht auf der Abendrunde,
dann zieht die Stille sanft herein.
Die bunten Häuser schlafen ein.
Ein paar versprengte Menschen munkeln,
wenn lange schon die Sterne funkeln.

Welch ein starker Gegensatz
zu dem Trubel und der Hatz
mittags an der Hafenpier.

Ein Schiff kommt an, kaum ist es hier,
purzeln Menschen, Koffer, Taschen
auf die Mole, wo mit raschen
Griffen Männer alles packen
und mit aufgeblasnen Backen
auf die Ladeflächen wuchten.

Schmale Gassen, kleine Fluchten.
Nun, die Apes rattern kräftig,
denn die Steigungen sind heftig,
und doch kommen sie immer an.

Der Tourist, er freut sich dann
und bezieht erst mal sein Zimmer.
Das Meer glänzt blass im Hitzeschimmer.

Am Hafen ist man jetzt entspannt.
Es wird geschlendert, nicht gerannt.
Ein Pläuschchen hier, ein Pläuschchen da,
die Welt ist klein, man kennt sich ja.

Das Schiff ruht still, das muss es auch.
Erst später füllt es seinen Bauch,
wenn jene wieder landwärts fahren,
die nur für einen Tag hier waren.

Der Shop am Hafen macht dann zu
und wieder ist es still im Nu,
der Leuchtturm blinzelt, im Gesicht
den warmen Streifen Abendlicht.

Pompeji

Oh, schattenlose Totenstadt,
die vielerlei zu zeigen hat:
Gärten, Rosen, Mosaike,
Thermenbäder der Antike,
Villen, Plätze, Marmorsäulen,
Bilderzyklen, Pflasterbeulen,
Mauerlöcher, Wagenrinnen.

Tempelreste. Zum Besinnen
und sich ruhend anzulehnen,
stehn die Ränge der Arenen,
wie sie damals auch schon standen,
als jene dort ihr Ende fanden
die die Zeichen ignorierten,
sie nicht sahen oder spürten.

Man stieß auf 13 ihrer Hüllen.
Der Einfall, sie mit Gips zu füllen,
schuf ein eindrucksvolles Zeichen.

Ein Bild von Gleichen unter Gleichen,
im Tod vereint, im Tod erstarrt,
im Lebenswillen doch verharrt.
Diese Menschen aus Pompeji
lehren täglich wieder neu:
Demut gilt es anzustreben.

Denn zwischen Sonne, Strand und Reben
schwimmt und wuchert ganz Neapel
auf einem Glut- und Lavastapel.

Isola di Procida

In den Farbtopf mit dem Pinsel!
Auf blauem Grund erstrahlt die Insel
in grün, orange und weiß und rot,
zitronengelb und braun wie Brot.

Ein Würfelmuster, aufgeschichtet
und ohne Regeln frei gewichtet,
mit steilen Treppen, heißen Dächern,
verwinkelt schmalen Sonnenbrechern,
mit Blumentöpfen, Namensschildern
und aussichtsreichen Instabildern.

Mit Booten an der flachen Mole
und Hitzebläschen an der Sohle,
mit Sonnenschirm und Sonnenhut
und Mittagshitzenschlendermut.

Steiles Pflaster. Klettersport
führt zum allerhöchsten Ort,
Burgruine samt Terrasse.
Nun, der Rundblick, der ist Klasse,
die Erfrischung auch nicht ohne:
Halbgefrornes mit Zitrone!

Ganz entfernt am andern Ende,
jenseits endlos langer Wände,
endlos langer Gartenmauern,
wo die Echsen sonnenlauern,
führen Treppen bis zum Turm,
halbverfallen, nicht vom Sturm,
und noch weiter zu den Klippen,
die ins klare Wasser stippen.

Steine, Sand und Algenzöpfe,
auf dem Meer, da blinken Knöpfe:
Fische, die zum Himmel springen
und die Glitzerschuppen schwingen.

Welch ein Ort des stillen Friedens
hier im Land des tiefen Südens.

Isola di Ischia

Weltbekannt wegen der Thermen,
die heilen, helfen und auch wärmen.

Ein Gipfel über grünen Bäumen.
Die Häuser, die die Küste säumen,
gleichen oftmals eher Villen.
Wenn morgens sich die Strände füllen,
wird es bunt und dicht und laut.
Wer jetzt nach einem Parkplatz schaut,
der hat wahrlich ein Problem.
Da ist es einfach und bequem,
mit dem Fahrrad loszuflitzen.
Zwar kommt man allzubald ins Schwitzen,
weil es rauf und runter geht,
doch wo der Autofahrer steht,
strampelt man beherzt vorbei
und fühlt sich sportlich, schnell und frei.

Wer einmal um die Insel radelt,
der wird recht kräftig durchgewadelt.
Im Süden steigt die Straße an,
in Serpentinen, dann und wann
und mittendurch, wo die Zitronen
und grüner wilder Fenchel wohnen.
Blumen gibt es auch in Massen
und Hänge, Mauern und Terrassen.

Tief unten glitzert blaues Meer,
als Radler atmet schon recht schwer.
Doch schließlich geht es wieder runter.
Der stramme Fahrtwind macht gleich munter.

Häuser, Menschen, es wird dichter,
Urlaubsteint prägt die Gesichter.
Sich zu bräunen, braucht es wenig
und wer braun ist, der ist König.

Noch ein Eis kurz vor dem Hafen,
gerne würde man jetzt schlafen.
Doch es wartet schon die Fähre.
Ob zu Bleiben schöner wäre?

Auf dem Meer, im lauen Wind,
wo die Möwen König sind,
schließt man bald schon seine Augen,
um die Salzluft aufzusaugen.

Ischia, das Urlaubsglück
bleibt am Horizont zurück
und man nickert doch noch ein.
Sooo angenehm ist Müdesein.

Der Wind des Südens

Er kommt und geht, ganz wie er will.
Verschwindet er, dann wird es still.
Doch frischt er auf, dann macht er Krach.
Des Nächtens wird man plötzlich wach.
Er klappert, rüttelt, rauscht und zischt,
die Wolken hat er weggewischt.

Am Morgen ist die Luft ganz klar
Der Sonne Farben, wunderbar!
Es flattert wild am Fahnenmast,
der Wind, er gönnt sich keine Rast.
Er kommt in Böen angestürmt.
Die Wellen wogen, aufgetürmt
und brechen krachend an der Pier.
Die weiße Gischt, wie Schaum vom Bier,
wirbelt flockig durch die Lüfte.
Ein Rausch der Salz-und Wasserdüfte
dringt in aller Menschen Nasen.

In manchen, ziemlich kurzen Phasen
holt der Sturm sich neue Kraft,
dann brennt die Sonne auf der Haut.
Doch rasch ist er neu aufgebaut,
fegt Körner, Sand und trocknes Laub
und wirbelt Erde auf und Staub.

Sein steter Angriff macht benommen,
man kann ihm einfach nicht entkommen.
Doch irgendwann, man spürt es kaum,
beruhigt und glättet sich der Raum.

Der Sturm, der wüste, grobe Riese,
er schrumpft zu einer sanften Brise.
Er streichelt hier und schmeichelt dort,
am Ende ist er einfach fort.

Die Luft steht starr und dicht und still,
und wenn man es so sagen will:
Die Hitze ist ein bisschen öde,
ganz ohne Wind ist es auch blöde.